Ins Schwarze getroffen

Dem Schützenverein Diesten e.V.
mit den Ortsteilen
Diesten, Huxahl und Lindhorst
gewidmet

Peter Perl

Ins Schwarze getroffen

Verse rund ums Schützenfest

Mit Zeichnungen von Ulrich Frassl

Bibliografische Information der Deutschen Bibliothek:
Die Deutsche Bibliothek verzeichnet diese Publikation in der
Deutschen Nationalbibliografie; detaillierte Daten sind im
Internet über
<<http://dnb.ddb.de>> abrufbar.

Impressum
© 2006 Peter Perl
Zeichnungen:Ulrich Frassl
Satz, Umschlagdesign, Herstellung und Verlag:
Books on Demand GmbH, Norderstedt
ISBN-10: 3-8334-5239-0
ISBN-13: 9-783-8334-5239-0

Inhalt

Zum Buch …

Bei dem langjährigen Engagement als Vorsitzender seines Schützenvereins hat der Verfasser Erfahrungen „am eigenen Leib" sowie Beobachtungen seiner Umgebung so treffend in Verse gefasst, dass die mit viel Humor und Hintersinn darin beschriebenen Situationen fürwahr „ins Schwarze treffen". Die gelungenen Zeichnungen erhöhen die Trefferquote.

Das Deutsche Schützenwesen nimmt das Anliegen, altes Brauchtum zu bewahren, sehr ernst. Dass dabei Humor und leicht versteckte Ironie nicht verloren gehen dürfen – wie gut, wenn man über sich selbst lachen kann! – dafür ist vorliegendes Buch schlagender Beweis.

Günter Heine,
Vorsitzender des Kreisschützenverbandes Celle
und
langjähriges Vorstandsmitglied im Landesverband Niedersachsen

Zum Kommers –
eine Bier-„Philosophie"

Seit zig Jahrtausenden man kennt
Das was in Deutschland „Bier" man nennt:
Ob Babylon, Ägypten, Rom,
Überall trank Bier man schon.

In alten Römerschriften waren
Bierkonsumenten die"Barbaren";
Und damit meinte man, ihr wisst,
Ein Jeder, der Germane ist.

Germanen aber sind auch wir,
In aller Welt bekannt für Bier
Nach deutschem Biergesetz gebraut,
Das die EG jedoch verbaut.

Gerstenmalz vermischt mit Hopfen,
Hefe und viel Wassertropfen
Galt bisher als das Gebräu,
Dem in Deutschland man getreu.

Heute darf man vieles mischen
Um als Bier es aufzutischen.
Und bei der „Als-Ob"-Mixtur
Ist von Reinheit keine Spur!!

Doch bei unserem Kommers,
Na, ihr ahnt schon meinen Vers,
Gibt's natürlich nur das eine
Best gebraute Bier alleine!

Das könnt ihr in Ruh' genießen
Und in euren Körper gießen.
Prost! … sag ich und setz mein Wort
Rund ums Bier im Vers nun fort:

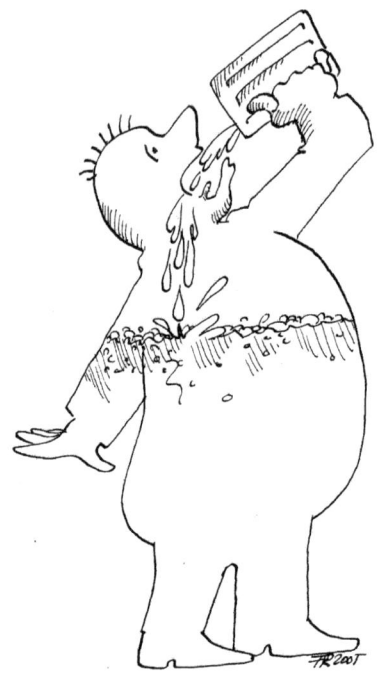

Historie und Produktion
Erwähnte ich am Anfang schon;
Nun also zu den Tagesdingen
Die Biergenüsse mit sich bringen:

Wer glaubt, dass man das Bier nur trinkt,
Des In-for-ma-ti-ons-stand hinkt:
Denn in Ägypten schon die Frauen
Sie taten auf die Bierkraft bauen

Und rieben, glaubt es oder nicht,
Das schöne Bier in das Gesicht,
Um mit den gelblichen Gewässern
Die Frische ihrer Haut zu bessern!

Und für den Teint auch der Moderne
Nimmt heute manche Frau sehr gerne
Bierhefe-Creme als Politur,
Quasi als Hautverbess'rungs-Kur.

Mit Bier wird gern auch aufgepeppt
So manches gute Koch-Rezept:
Biersuppe zu Essbeginn,
Bierteig dann mit Würstchen drin.

Auch Fisch in Biersoße gelegt
Mancher Gourmet zu essen pflegt …
Das Wasser läuft zusamm' im Mund?
Ja, Bier ist eben sehr gesund!!

Zum Beispiel hat man festgestellt,
Dass Bier viel Protein enthält;
Und Vitamine sind en masse
In einem Bier gefülltem Glas!

Cholesterine: Fehlanzeige!
Fette: nicht die kleinste Neige!
Für Herz und Kreislauf sagt man gar
Ist Biergenuss ganz wunderbar!

Die Wissenschaft verkündet froh
Bezüglich Sterberisiko:
1 Liter Bier pro Tag verzehrt,
Das Lebensalter klar vermehrt.

Mir ist bewusst: Mach ich so weiter,
Dann macht man mich zum Werbeleiter
Für Bierkonsum im ganzen Land;
Zwar lukrativ, doch auch riskant!

Denn wer die Trommel zu sehr rührt
Und forsch zum Biergenuss verführt,
Dem wird am Schluss auch aufgepackt
Die Schuld für jeden, der versackt.

Um dieser Folge vorzubeugen,
Will ich im Weiteren beäugen
Was Bier bezogen dann passiert,
Wenn man davon zu viel probiert:

Da kommt nun ein Begriff ins Spiel
Der manchmal etwas diffizil:
Natürlich ist's, ihr wisst es wohl,
Das schöne Wörtchen: Alkohol.

Vierzig Gramm pro Literglas
Täglich ist ein gutes Maß;
Werden's aber zwei und drei,
Ist's mit Therapie vorbei!

Schnell gleitet dann der Konsument
In Lagen, die ein jeder kennt,
Weil die Promille in dem Hirn
Die kleinen grauen Zell'n verwirrn.

Bei Jungen führt das wie bei Alten
Zu manch verändertem Verhalten,
Das vielfältig und divergent
Und das man schlicht: betrunken nennt.

Da ist zum Beispiel jener dort,
Von dem man selten hört ein Wort.
Bescheiden ist er und sehr still,
Ein Mensch, der gar nicht reden will.

Doch trinkt er Bier, geschieht ein Wunder:
Der Schweigemann wird plötzlich munter;
Von Bier zu Bier löst sich die Zunge
Und vor uns steht ein and'rer Junge.

Er redet nun fast wie ein Buch,
Zeigt Regungen bis hin zum Fluch,
Treibt Kon-ver-sa-tion wie toll
Und schweigt erst als er wirklich voll.

Ein and'rer Fall: Er ist verträglich,
Freundlich, fährt zur Arbeit täglich,
Ist hilfreich immer und bereit,
Löst die Probleme ohne Streit.

Doch wehe wenn er losgelassen
Und die Promille ihn erfassen!
Dann kommt zu vorgerückter Stunde
Ganz Anderes aus seinem Munde:

Er flucht und schimpft, gerät in Zwist
Mit jedem der ihm nahe ist,
Erhebt selbst seine Faust und droht
Wenn jemand ihm Paroli bot.

Und besser ist's, ihm nicht zu nah'n
Der plötzlich tobt wie ein Vulkan.
Ein Wesen, was sonst sehr gefällt,
Ist plötzlich auf den Kopf gestellt

Ganz anders nun Fall Nummer drei:
Er ist meist bis zuletzt dabei
Obwohl auch er das Bier nicht meidet,
Ihn dennoch etwas unterscheidet:

Er trinkt sehr wohl, doch mit Verstand,
Hat stets ein Bier in seiner Hand
Und Schluck für Schluck, "Ex" nur mitunter,
Läuft sinnig das Getränk hinunter.

Er horcht in sich hinein und spürt,
Wenn sich im Inneren was rührt;
Ist das der Fall, dann denkt er: "Nun,
Lass ich die Zellen erst mal ruh'n."

Und kehrt sich ab vom Trinkgescheh'n,
Lässt die Kumpanen einfach steh'n
Und schenkt den meist noch vollen Becher
Großzügig einem and'ren Zecher.

Nach einem läng'ren Intervall
Ist er dann wieder mit am Ball
Und trinkt, als wäre nichts gewesen,
Als könnt' man wirklich dran genesen.

Schon an den drei beschrieb'nen Fällen
Ist ohne Mühe festzustellen,
Dass man bei jedem Biergenuss
Mit Reaktionen rechnen muss.

Bös sind die einen und gemein,
Die anderen die schlafen ein,
Mancheiner lacht nur, mancher flennt,
Fast alle werden eloquent.

Mit Lockerheit und mit viel Mut
Man über Dinge reden tut,
Die als Geheimnis man sonst hegt
Und niemals auszusprechen pflegt.

Zwar heißt's: „In vino veritas"
Doch auch manch Bier gefülltes Fass
Ist Grund dafür, wenn es entleert,
Dass veritabel man verfährt.

Mit den besonders schlimmen Dingen
Die Biergenüsse mit sich bringen,
Stichwort zett B. "Delirium"
Verkehrsunfälle und drumrum,
Will ich mich heute nicht befassen,
Es lieber and'ren überlassen.

Stattdessen wollen wir nun singen,
Ich hoffe sehr, es wird gelingen;
Kommers heißt nämlich nicht nur trinken
Und froh im Bierkonsum versinken,
Kommers heißt auch – Bier hilft dabei –
Dass man sich übt in Singerei.
Das geht nun los: Ich schlage vor
Und ihr singt alle dann im Chor!

(Hier können jetzt Lieder folgen – von der anwe-
senden Musik intoniert und begleitet –, die bereits
als Text auf den Tischen liegen. Zum Bsp.: „Die
Gedanken sind frei …"/„Auf der Lüneburger Hei-
de …"/„Herrn Pastor sin Kauh …" /„Wir lieben die
Stürme …"/„Hoch auf dem gelben Wagen …" u. a.)

Blasenleiden

Blasen sind meist null und nichtig,
Schnell vorbei und nicht gewichtig!
Schmerzlich sind sie dann und wann,
Wenn man möchte und nicht kann!

Das zum Beispiel kann passieren,
Wenn als Schütz' man muss marschieren
Auf fast endlos langen Wegen
Dem Königsdomizil entgegen.

Oder gar, wenn man retour
Vom König geht die alte Spur
Und vollgetankt ist bis zum Rand,
Weil man das Bier so köstlich fand.

Das erste Stück verläuft normal:
Die Blase wird noch nicht zur Qual.
Jedoch nach gar nicht langer Zeit
Gibt Zeichen sie und sagt Bescheid:

Ein leichter Druck wird registriert,
Vom Schützen tapfer ignoriert!
Die Blase aber wird bald prall
Als wie ein aufgepumpter Ball.

Der Schütze, er ist ja ein Mann,
Quält weiter sich, so gut er kann.
Um seinen Schmerz zu unterdrücken,
Sieht man beim Gehen ihn sich bücken.

Nervös hält Ausschau er inzwischen
Nach dicken Bäumen und Gebüschen.
Die aber sind in weiter Ferne;
Ein Königreich gäb' drum er gerne!!

Und weiter geht's mit Todesmut.
O, armer Schütze, geht das gut?
Minuten werden jetzt zu Stunden …
Wer hat nur das Bier erfunden?

Tief versunken in Gedanken
Sieht den Schützen man so wanken
Über Straßen und auf Wegen,
Nur dem einen Ziel entgegen,
Das nach quälender Entbehrung
Hoffnungsvoll verheißt: Entleerung!!
Wasser marsch! Könnt's doch schon sein
Ihn vom Blasenleid befrei'n!!

Der Umzug schreitet forsch voran,
Die Musik bläst, so laut sie kann –
Mein Schütze hört nichts von dem Blasen,
Ihn bringt die eigene zum Rasen!

Wie wild stürzt er drum auf den Baum
Der plötzlich naht, als wär's ein Traum.
Und gut versteckt vom dicken Stamm
Lässt er es laufen, ohne Scham(m).

Es läuft und läuft wie ein VW,
Zu Füßen bildet sich ein See.
Allmählich löst sich alle Qual,
Und matter wird der Wasserstrahl.

Der Festumzug ist weit voraus,
Da ist das Leiden endlich aus.
Von allen Nöten frei und heiter,
Geht schließlich auch mein Schütze weiter.

In Anlehnung an ein Gedicht
Von Wilhelm Busch er für sich spricht:
„Was Schön'res gibt's auf Erden nicht,
Als das Gefühl getaner Pflicht!"

Kaum hat er diesen Spruch gedacht,
Was and'res ihm Probleme macht:
Von Blasen wollt' ich hier erzählen:
Jetzt sollte ihn die nächste quälen!

Von Druck und Schmerz in seiner Hose
War überdeckt das and're große
Malheur in seinem linken Schuh;
Da brannte was, gab keine Ruh'.

Und Schritt für Schritt wuchs diese Pein,
Obwohl vom Ursprung ziemlich klein.
Statt schnell zu eilen zu den Kumpeln,
Begann mein Schütze nun zu humpeln.

Der linke Fuß schlürft durch den Sand,
Schweißperlen rollen von der Hand;
„Ein Unglück kommt meist nicht allein",
Fällt ihm als Sprüchlein diesmal ein.

Um nicht erneut so lang' zu leiden,
Begann der Schütz' sich zu entkleiden:
Er riss vom linken Fuß den Schuh,
Den schwarzen Schützenstrumpf dazu;

Nahm beides fest in seine Hände
Und setzte so dem Schmerz ein Ende.
Als Einzelgänger machte dann
Sich auf den Weg der arme Mann.

Auch er erreichte noch das Zelt.
Und, wie so häufig auf der Welt:
Kaum hatte er ein Bier und Schluck,
Vergaß die Schmerzen er, ruck-zuck!

Und die Moral von alledem:
Ein Schütze hat's nicht nur bequem!
Wir leiden gern, weil wir gerecht;
Ansonsten geht's uns ja nicht schlecht!!!

An die Musik

Wir Schützen wissen ganz genau,
Beim Fest geht's zu wie auf dem Bau:
Erst alle nötigen Gewerke
Verhelfen dem zu seiner Stärke.
Ein jeder Bau bleibt unvollkommen,
Wird auch nur ein Gewerk genommen.
Ob Maurer, Maler, Zimmermann,
Ob Strippenzieher – wer was kann
Trägt dazu bei mit seinen Händen,
Das Bauwerk glücklich zu vollenden.

Das Schützenfest in jedem Jahr
Stellt sich fast ganz genauso dar:
Vom Festwirt bis zum Königshaus,
Vom Zeltaufbau bis zum Kehraus:
Wenn irgendetwas nicht so lief,
Dann geht die ganze Feier schief.

Das gilt, ich unterstreich' es dick,
Besonders auch für die Musik!
Ist die zu lahm, zu laut, zu lau,
So ist die ganze Feier mau.
Doch spielt sie fleißig, fesch und flott,
Kommt man beim Feiern gut „zu Pott".

Euch gilt, ihr Musikanten dort,
Darum ab jetzt fast jedes Wort.
Passt auf, damit ihr auch erkennt,
Wie Gut und Schlecht man bei euch trennt.
Wenn auch, so sagt der Kritikus,
Viel dem Geschmack man lassen muss.

Was gut und schlecht an der Musik
Erkennt man auf den ersten Blick:
Erst nimmt die Musikanten hier
Man in sein strenges Seh-Visier,
Sodann zieht man in sein Betracht,
Den Zuhörer und was er macht.

Ein schlechter Spieler, Musikant,
Wird beispielsweise dran erkannt,
Dass er beim Spielen ernst und stur
Auf seine Noten achtet nur.
Der gute dreht sich öfters um
Und lächelt froh ins Publikum.

Gut ist ein Musikus auch dann,
Wenn er sich selber dann und wann
Selbstkritisch denkend zugesteht,
Dass ohne ihn es auch mal geht.
Die Pausen sind sogar geboten
Und wichtiger oft als die Noten.

Bei den Trompeten und Posaunen
Kann man mitunter gar bestaunen
Wie ihr Besitzer in der Zeit
Sie präpariert, macht spielbereit:
Er löst das Mundstück, dreht das Blech,
Und schon läuft seine Soße wech!

Das nenn' ich einen guten Mann,
Der Freizeit sinnvoll nutzen kann!
Schlecht wäre der, der weiterdudelt
Selbst wenn's im Rohr auch noch so sprudelt.
Auch in der Musik ist gut,
Wer zur Lücke hat den Mut!

Doch wenden wir uns nun herum
Zu dem verehrten Publikum.
An Mimik, Gestik und Gebaren
Kann der Beobachter erfahren
Ob sie, die lieben Musikanten,
Mit ihren Tönen Anklang fanden.

Fang'n wir mal ganz oben an,
Was am Kopf man sehen kann:
Nickt freudig er im Takt herum,
Entfleucht ihm gar ein Mitgebrumm,
Dann ist es Zeichen, dass gelungen
Was per Musik ans Ohr gedrungen.

Manch einer aus dem Hörerkreis
Sich positiv zu zeigen weiß
Indem er lauthals mit Gesang
Beweist, dass die Musik gelang.
Ob seine Töne klar und rein,
Kann dabei völlig schnuppe sein.

Oft sieht man auch den Körper wiegen,
Sich wohlig der Musik anschmiegen:
Mal schwingt er seitlich, mal nach vorn,
Schließt seine Augen weltverlor'n,
Bewegt sich noch, wenn längst vorbei
Der Musikanten Spielerei.

Untrüglich sind auch jene Zeichen,
Die uns von Hand und Fuß erreichen:
Wenn sich in dem Bereich nichts tut,
War die Musik bestimmt nicht gut.
Wenn's aber klatscht und stampft und tritt,
Weiß man genau: Das war ein Hit!

So ist bei der Musik ein jeder
Für Gut und Schlecht das Barometer.
Am besten ist auf alle Fälle
Diejenige Musikkapelle,
Die darum weiß und das erkannt;
Für sie rührt jeder gern die Hand!

Ihr, mein' ich, habt auf jeden Fall
Diese Erkenntnis allemal!
Macht ihr Musik, so geht der Zeiger
Des Barometers immer weiter
In Richtung Hoch, ins Positiv,
Bei euch geht selten etwas schief.

Auf also, bringt das Zelt zum Beben,
Wir alle woll'n das Glas erheben,
Auch heute werden wir es seh'n:
Die Musici bleibt stets besteh'n!
In diesem Sinne Prost euch allen,
Am Schützenfest viel Wohlgefallen!!

Gemeinschaftssinn

Wir alle sind, weil jeder hat,
Vom Angebot her träg' und satt!
Das zeigt sich leider und ist Fall
Oft auch beim Jahres- Schützenball.

War früher noch der Saal ganz voll
Und fand das Feiern man „so toll",
Kann man seit läng'rem konstatieren,
Dass weniger sich hier verlieren.

Und weil das auffällt, will ich heute,
Ihr sehr verehrten Festball-Leute,
Versuchen einmal aufzulisten,
Wo sie denn bleiben, die Vermissten.

Begründetes Zuhausebleiben
Will ich natürlich nicht beschreiben!
Denn Krankheit oder Trauerfall
Vertragen sich nicht mit dem Ball.

Die ander'n aber, die meist schwänzen,
Durch Abstinenz nur traurig glänzen,
Nehm ich jetzt in das Vers-Visier
Und frage sie: „Why you not hier?"

Da sind die Einen, die stets nur
Bequem und träge, etwas stur,
Und meinen: „Schützenball? Warum?
Wer dorthin geht, der ist schön dumm!"
Bei ihnen auf der Freizeitliste
Steht groß geschrieben „Flimmerkiste"!
Sie legen sich aufs faule Fell,
Seh'n ARD und RTL,
Verfallen bald in tiefen Schlaf

– Dann ist der Mensch besonders brav –
Und erst, als das Programm herum,
Erwachen sie von dem Gebrumm
Das ihr Gerät dann immer sendet
Wenn auch der letzte Film geendet.

Der And're sagt: „O weh, schon wieder!
Ich merke alle meine Glieder
Doch noch vom Ball der letzten Wochen,
Das geht zu sehr auf meine Knochen!"
Haut sich statt Schützenball aufs Ohr,
Nimmt Zeitung oder Buch sich vor,
Legt seine Beine auf den Tisch
Und ist am nächsten Morgen frisch.

Bei manchen auch, ihr wisst es wohl,
Ist's Portemonnaie fast immer hohl
Wenn die Gefahr er immer wittert
Und ängstlich um die „Mäuse" zittert!
Das Essen, ja, das geht noch an
Dass man es finanzieren kann;
Doch die verflixten Thekenrunden
Hat er noch niemals gut empfunden!
Denn irgendwann trifft es auch ihn
Dass er das Geldtäschchen muss zieh'n.
Und um sich diesen Schmerz zu sparen
Bleibt lieber er zuhaus seit Jahren!

Manch einer tut das Fest auch meiden
Weil sich bei ihm die Geister scheiden:
Denn einerseits will er wohl hin,
Doch and'rerseits kommt ihm in'n Sinn
Dass er nach jedem Fest nun mal
Zu tun hat mit der gleichen Qual:
Sein Kopf scheint ihm fast zu zerspringen,
Vor Schmerzen hört er Engel singen!
Für Schwänzer der Kategorie

Empfinde ich fast Sympathie,
Weil ich die Not zu schätzen weiß
Wie mancher auch in diesem Kreis.

„Ach, Schützenball, das ist doch Frust!
Hab' dazu einfach keine Lust!
Ich hüte lieber Haus und Hof,
Das Feiern ist mir viel zu doof!
Früher, ja, das war'n noch Zeiten,

Was gab es da für Lustbarkeiten!
Aus Eimern haben wir getrunken!
mein Gott, was waren wir Halunken!"
So einfach mag auch mancher denken
Statt Aufmerksamkeit uns zu schenken
Und unseren Verein zu stützen!
Abwesenheit tut keinem nützen!

Ihr wisst es doch: Erinnerung
Ist meistens schön, weil man noch jung
Und weil die Zeiten anders waren
Vor zwanzig oder dreißig Jahren!

Wie dem auch sei, mein Resumée,
Wenn ich die Dinge richtig seh':
All die Genannten sind gesund
Und haben daher keinen Grund
Uns ihren Rücken zuzukehren
Statt die Gemeinschaft zu vermehren!

Das Schützenleben, glaubt es mir,
Braucht jeden Einzelnen, der hier!
Es braucht jedoch auch jene Lieben,
Die, wie gesagt, zuhause blieben!
Gemeinsamkeit in dem Verein
Das heißt auch stets dabei zu sein!

In diesem Sinne: Prost Euch allen,
Mög' der Abend gut gefallen!
Auch wenn so mancher heut' nicht hier,
Wir trinken dennoch Schluck und Bier!
Lasst uns're Gläser nun erheben:
Der Schützenverein, er soll leben!!

Das liebe Geld

Geld, ihr Leute, spielt ganz dolle
Auch bei Schützen eine Rolle.
Mit Versen will ich drum beschreiben,
Wo denn die „Mäuse" alle bleiben.

Da ist zum Beispiel Schütze **A**:
Für ihn sind diese Tage da
Um tief ins Portemonnaie zu fassen,
Mit den Finanzen rumzuprassen.

Vorm Fest schon nimmt er sich viel Zeit:
Der Mama kauft er noch ein Kleid;
Er selbst, auch das gehört dazu,
Genehmigt sich paar neue Schuh'.

Und außerdem 'nen neuen Hut,
Dieweil der alte nicht mehr gut.
Und auch die Kinder, diese Rangen,
Sie brauchen nicht ums Geld zu bangen.

Das alles tut er ohne Klagen;
Man muss es ihm noch nicht mal sagen!
Sein Schützenfest-Etat ist groß,
Einmal im Jahre ist's ja bloß.

Und hebt das Fest dann endlich an,
Da ist er stets der erste Mann!
Von Geld die Taschen sind so prall
Als wie ein aufgepumpter Ball!

Im ersten Glied steht er am Tresen,
Trinkt Bier, als könnt' man dran genesen,
Ist stets umringt von vielen „Kunden",
Die schnell sein Geberherz gefunden.

Statt Euro 9 gibt er gern zehn,
Er kennt es nicht, das Pfennigdreh'n;
Die Scheine hat er vorn und hinten,
Lässt sie mal hier mal dort verschwinden.

Dazu trägt er die Taler lose
Rechts oder links in seiner Hose,
Es klappert hier, es knistert dort,
Mit vollen Händen gibt er's fort!

Am nächsten Tag der Kassensturz
Ist ihm egal und völlig schnurz.
Er zählt auch nicht vom Geld den Rest,
Denn schließlich ist ja Schützenfest!!

*Ganz anders ist's beim Schützen **B**:*
Schier jeder Pfennig tut ihm weh!
Der Griff zum Geld geht ihm durchs Herz,
Ist eine Handlung voller Schmerz.

Fragt Mutti ihn nach einem Kleid,
Gibt er zur Antwort: „Hat noch Zeit!"
Und kommt sie später drauf zurück,
Hat sie aus and'rem Grund kein Glück.

Auch bei den Kindern, diesen Armen,
Kennt Schütze B kein Sich-Erbarmen.
„Es gibt kein Geld fürs Karussell",
„Das", meint er, „dreht sich viel zu schnell!"

Auch rückt er nichts aus seinen Taschen
Damit die Kleinen mal was naschen.
„Die Süßigkeiten müsst ihr meiden,
Da eure Zähne drunter leiden."

Im Gegensatz zum Erstgenannten,
Den wir ganz vorn am Tresen fanden,
Steht B zumeist ganz hinten an,
Greift aber zu, wo er nur kann!

Ein jedes Bier für ihn ist frei,
Wer's ausgibt, ist ihm einerlei;
Und in der Bar der teure Sekt
Ihm kostenlos am besten schmeckt.

Selbst wenn mal seine Blase stört,
Die er im Pissoir entleert,
Werden die Beine immer schneller
Beim Anblick von dem Groschenteller.

Wenn Schütze B nach Hause kehrt
Hat sich sein Geld fast noch vermehrt!
Für ihn ist es das größte Glück,
Bringt er recht viel davon zurück!

Nach diesen so beschrieb'nen Fällen
Mag jeder sich die Frage stellen
Ob er im Umgang mit dem Geld
Wie A sich oder B verhält.

Und weißt du dich nicht einzureihen
Zu einem Typ von diesen Zweien,
Dann bist du, wenn ich's richtig seh',
Ein Schütze von der Gattung C.

Doch woll'n wir uns nicht lange quälen
Zu welchen Typen wir uns zählen;
Viel wichtiger als alles Geld
Ist, dass das Schützenfest gefällt!

Auf, packen wir die Sache an,
Ein jeder fei're wie er kann!
Geld ist vonnöten, doch zuvor
Rangier bei jedem der Humor!

In diesem Sinne wünsch' ich allen
Am Schützenfest viel Wohlgefallen.
Und, wie es üblich ist zum Schluss,
Ruf ich euch allen zu: „Gut Schuss!"

Die Leiden eines Schützen

Jahr für Jahr ab Monat Mai,
Wenn die Bäume um sich schlagen,
Ist der Winterschlaf vorbei,
Frönt man froh den Schützentagen.

„Man" – wer ist damit gemeint?
Ganz bestimmt sind's nicht die Schützen!
Schwerstarbeit tun sie vereint,
Ihnen kann das Fest nichts nützen!

Wer das glaubt mit Unverstand,
Dessen Wege sind aus Holz!
Schaffen, rackern, Hand in Hand
Müssen wir, sag' ich voll Stolz!

Die beliebten Schützentage
Sind für andere ein Fest,
Uns, den Schützen, wird's zur Plage,
Geben sie den letzten Rest!

Am ersten Tag schon in der Früh'
Nimmt das Leiden seinen Lauf,
Und die Arbeit und die Müh'
Hör'n am letzten Tag erst auf!

Laut wird aus dem Schlaf geweckt
Der arme Schütze, welche Pein!
Es bleibt kaum Zeit, dass er sich reckt,
Denn pünktlich gilt es heut' zu sein.

Er schlüpft in Hose und in Rock
Von seiner grünen Uniform,
Zeigt steif dem Spiegel sich wie'n Stock
Und murmelt leise: „Ganz enorm!"

Im Stehen schlürft er seinen Tee,
Sagt hastig dann: „Auf Wiederseh'n!"
Dann sieht man ihn, flink wie ein Reh
Zu seiner Schützentruppe geh'n.

Im Schweiß gebadet kommt er an,
Die Zunge hängt ihm aus dem Mund;
Schon jetzt man leicht erkennen kann:
Dies Fest das kostet manches Pfund!

„Angetreten, marsch, hopp, hopp!"
Tönt es da mit schrillem Ton;
Und in wildem Schweinsgalopp
Ist zur Stell' mein Schütze schon.

„Still gestanden!" tönt es wieder,
„Abtrimo, im Gleichschritt marsch!"
Müde hebt er seine Glieder,
Der vielgeplagte Schütze A...(rsch)

Pflastermüde kommt der Mann,
Wankend schier und ohne Kraft
Schließlich bei dem König an.
Gott sei Dank, das ist geschafft!

Doch nach dieser Marschetappe,
Die beschwerlich war und hart,
Folgt sogleich die nächste Schlappe;
Nichts bleibt einem auch erspart!

Denn statt Milch und Himbeersaft,
Wonach des Schützen Herz begehrt,
Wird Bier und Schnaps herbeigeschafft,
Wird Alkoholisches beschert.

Ganz ohne jedes Weh und Ach,
Denn Schützen üben Disziplin,
Kommt Glas um Glas in Dach und Fach,
Fast wie beim Auto das Benzin!

Und gerade als die Welt sich dreht,
Als man im schönsten Fusel-Tran,
Als auf dem Kopfe alles steht,
Da fängt das Leiden wieder an:

Der Hauptmann schreit als wie ein Stier
Mit rotem Kopfe, strengem Blick:
„He, Schützen, seid ihr noch nicht hier?
Auf geht es jetzt zum Zelt zurück!"

Dort kommt man torkelnd halb und matt,
Arg strapaziert auch schließlich an;
Freut sich aufs Frühstück, wo man satt
Essen und auch trinken kann.

Doch halt, wer steht denn da vorm Zelt?
Jetzt Schütze reiß dich ja zusamm'
Und zeig', dass du ein Herr von Welt,
Geh grade, Kerl, mach kein Tamm-Tamm!

Die Gäste, die dort wartend steh'n,
Die woll'n trotz „Wenn" und „Aber"
Ein' wohlerzog'nen Schützen seh'n
Sie schätzen kein Gelaber!

Zeigst du Benimm, dann sagen sie:
„Auch wenn ich Sie nicht kenn',
Sie geben sich wie ein Genie,
Sie sind ein Gentleman!"

So muss der Schütze wider Willen,
Weil man es eben so verlangt,
Bedürfnisse der ander'n stillen;
Kein Wunder, dass er daran krankt!

Er muss schießen, tanzen, trinken,
Trotz Bier auf seinen Beinen steh'n,
Muss Frau statt Freundin besser finden,
Darf nicht, trotz Woll'n, nach Hause geh'n.

Ein Leben ist's, wie man erkennt,
Das seinesgleichen nimmer findet.
Für andere der Schütze rennt,
Für andere nur er sich schindet.

Doch, lieber Schütze, trag's mit Würde
Und denke dran, dass du uns all'n
Beim Tragen dieser schweren Bürde
Viel Spaß bereitest und Gefall'n!

In diesem Sinne sag' ich prost!
Und stoße mit euch kräftig an.
Dir, lieber Schütze, sei zum Trost,
Dass ohne dich nichts „laufen" kann!!

Festplatzgedanken

Während uns'rer Schützentage
Ist der Festplatz ein Revier,
Wo nach Zeit und je nach Lage
Leben herrscht bei Schluck und Bier.

Im Folgenden will ich beschreiben,
Was Sonntags gegen 18 Uhr
Die Festbesucher alles treiben;
Still folgte ich drum ihrer Spur:

Vom Tresen wankt grad aus dem Zelt
Ein Schütze an die frische Luft,
Als plötzlich er dort innehält,
Weil ihn da irgendjemand ruft.

„Welch' Freude, Heinrich, du bist hier,
Just wollte ich nach Hause geh'n,
Frau Wirtin, bitte, zwei Glas Bier!"
Erneut heißt es am Tresen steh'n.

Im Handumdreh'n hat diese Runde
Von zwei auf sieben sich vermehrt,
Und lauthals mit beredtem Munde
Wird zügig Glas um Glas geleert.

Von Politik bis hin zum Sport
Bleibt kaum ein Thema unerwähnt,
Es führen alle groß das Wort,
Dass dem, der's hört, das Auge tränt.

Doch lassen wir jetzt diese Sieben
Mit ihrem Schluck und Bier allein.
Wie lange sie's am Bierstand trieben,
Soll nicht mehr uns're Sorge sein!

Mit dicken Backen an dem Stand
Wo man Gegrilltes kaufen kann,
Steht mit zwei Würstchen in der Hand
Ein alkoholisierter Mann.

Kaum findet seine Wurst den Mund,
Das Fett läuft ihm am Kinn hinab,
Und als das alles ihm zu bunt,
Wischt er es mit dem Ärmel ab.

Der Senf, der noch an seiner Backe,
– Auch das geschieht schon halb im Tran –
Gelangt per Hand in seine Jacke;
Dann zieht er eilig seine Bahn.

Knapp um die Ecke von dem Zelt,
Den Hosenstall sperrangel weit,
Nichts mehr das Wasserlassen hält:
Vom Blasendruck er sich befreit.

Erleichtert kommt er dann retour,
Noch ordnet er die „Pferde" ein,
Von Schamgefühl nicht eine Spur;
Das soll im Suff ja oft so sein.

Verlassen wir auch diesen Ort
Und wenden wir uns nun ganz schnell
Zur nächsten Attraktion hinfort:
Dem so beliebten Karussell.

Klingling, da sitzt auf einem Pferd
Ein Vater stolz mit seinem Kind,
Nicht vorwärts, nein, er macht's verkehrt,
Sein grüner Schlips weht kühn im Wind.

Ein kleiner Knirps steht nebenan,
Vom Rundherum so fasziniert,
Dass in Gedanken dann und wann
Sein Nasen-Inn'res er probiert.

Stolz sitzt ein anderer im Bus
Und dreht am Steuer wild herum,
Winkt seinen Eltern zu als Gruß,
Ersetzt den Motor mit „Brumm-brumm"!

Nach buntem Zucker sowie Herzen
Riecht es am Wagen nebenan.
Ein Liebespaar seh' ich dort scherzen,
Und Er hängt Ihr ein Herzchen dran.

Mit rosa Lettern schön auf Braun
Steht drauf der Vers: „Ich liebe Dich …",
Tief in die Augen sie sich schau'n …
Es folgt ein Kuss … ich wende mich …

… Und steh' sofort vorm Pissoir,
Links für die Damen, rechts für Herrn.
Es duftet zwar nicht wunderbar,
Und dennoch duldet's jeder gern.

Die Toiletten-Dame steht
Auf dem Plateau, just zwischendrin
Und schaut verschämt, wenn einer geht,
Zum Teller mit den Talern hin.

Taubenschlaggleich aus und ein
Geh'n gut und schlechter zahlend „Kunden",
Nichts kann auf Erden Bess'res sein
Als wenn vom Druck man ist entbunden!

Zur Schießbude geh' last not least
Auf meinem Festplatz-Turn ich hin,
Wo bunte Blumen man erschießt
Und manches and're Flitterding.

G'rad seh ich, wie ein junger Mann
Auf eine rote Rose zielt,
Die er nach dem Gewinn sodann
Der Liebsten stolz entgegenhielt.

Per Blickkontakt genehmigt Sie
Ganz offenbar dem jungen Mann,
Dass er an ihrer Brustpartie
Das Röschen deponieren kann.

Nichts Bess'res konnte ihm passier'n:
Mit Akribie und sehr viel Zeit
Tat er am Busen ihr platzier'n
Die schöne Liebeskleinigkeit.

Doch lassen wir die Zwei allein,
Aus ist jetzt meine Festplatz-Tour,
Ich geh' ins Festzelt wieder rein,
Genieß den Trubel live und pur!

Euch rate ich: Geht auch mal rund
Auf uns'rem Festplatz, der zwar klein
Jedoch an Leben herrlich bunt,
Kein Platz der Welt kann schöner sein!

Kein Fest der Welt, auch das ist klar,
Kann mit dem unsern konkurrier'n,
Es feiert sich hier wunderbar,
Heut' könnt Ihr alle es probier'n.

Loblied auf die Frauen

Die Damenwelt, da gibt's kein Streit,
Hat fest im Griff die Männlichkeit.
Im Hintergrund, mit viel Geschick
Zieh'n sie die Fäden – unser Glück!!

Mit ihrem Denken, Ihrem Werke
Verleihen sie uns Männern Stärke,
Verschaffen sie uns Halt im Leben,
Wo immer wir zutage treten.

Ein ganz besonders guter Test
Hierfür ist unser Schützenfest.
Wo wir Männer da wohl blieben,
Hätten wir nicht Euch, ihr Lieben!

Beim Anzieh'n geht es doch schon los:
„Wo ist mein grüner Schlips denn bloß?
Mein weißes Hemd hat einen Fleck!
Komm, Mutter, schnell, und mach' ihn weg!

Jetzt reißt mein Schnürband auch noch ab,
Ob ich noch alle Orden hab'?
Mein Kamm, der lag doch gestern hier;
Jetzt ist er weg, ach hilf doch mir!!"

Und sie, wie eine gute Fee,
Springt hin und her als wie ein Reh,
Putzt ihn zurecht als feinen Max
Vom Fuße hoch bis zu der Glatz'.

Und als der Herr dann aus dem Haus,
Atmet sie durch und ruht sich aus,
Sich jederzeit bewusst und klar,
Dass das der Anfang ja erst war.

Minuten später nämlich schon
Ertönt im Haus das Telefon:
„Ach, Kleine, „ hört sie, „sei so gut
Und bring' mir schnell den Schützenhut!"

„Natürlich, Männe, wird gemacht,
Den Hut, den hab' ich gleich gebracht."
Per Auto, schneller noch als schnell,
Ist für den Herrn der Hut zur Stell'.

Das Schützenfest nimmt seinen Lauf:
Die Schützenbrüder tanken auf,
Und etwa in der Mittagszeit
Da ist's dann wieder mal so weit:

Benebelt, im Promilletran,
Ruft er erneut sein Liebchen an:
„Ich" sagt er, „hicks, bin völlig duhn,
Was meinst du, ist da nur zu tun?"

„Ich komme hin und hol' dich ab!"
Und schon ist sie erneut in Trab.
Sie denkt: „Wenn ich es richtig seh,
Dann hilft hier nur das Kanapée."

Nur wenig später tut sich strecken,
Gut eingehüllt in warme Decken,
Auf seinem Sofa unser Held –
Beschaut von Innen sich die Welt.

Derweil die Mutter, sie hat Not:
Mit spitz erhob'nen Finger droht
Sie ihren Rangen, diesen Gören,
Damit den Vater sie nicht stören.

Denn dieser muss auf jeden Fall
Am Abend auf den Schützenball
Regeneriert und munter sein,
Beim Tanzen schwingen seine Bein'.

So jedenfalls war es der Plan –
Gesagtes ist noch nicht getan! …
Zunächst mit großer Mühe kaum
Erwacht der Liebste aus dem Traum.

Dann streckt er sich, gähnt wie ein Stier,
Schimpft knurrend über Schnaps und Bier,
Wendet ihr den Rücken zu
Und brummelt leis': „Lass mir mei Ruh!"

Streichelnd nun, mit viel Geschick,
Versucht sie abermals ihr Glück.
Mit süßen Worten, Kaffeeduft
Sie schließlich ihn zur Ordnung ruft.

Freudig erregt sieht man sodann,
Sie an der Seite von dem Mann
Zum Festplatz eilen, still vergnügt
Denkt sie für sich: „Ich hab' gesiegt!"

Zunächstmal ja … im Festtagsglanz
Erwarten sie den ersten Tanz –
Und bei dem ersten Walzerton
Auf dem Parkett sind beide schon.

Kaum aber schweigt die Músik still,
Zur Theke er rasch gehen will.
Und voll Verständnis für den Mann
Sieht sie von Ferne sich das an:

Von Zeit zu Zeit winkt er zu ihr,
In seiner Hand ein Glas mit Bier.
„Das letzte, „ ruft er, „komme gleich!"
Die Knie werden ihm schon weich …

„Heinerich, ich kenne di!
Das letzte Bier, das glaub' ich nie!"
Denkt sie im Stillen, drauf bedacht,
Dass er ja keinen Unfug macht.

Und richtig, wieder nach 'ner Stund'
Blickt doppelt er schon in die Rund'
Und winkt statt ihr 'ner Ander'n zu …
Sie aber denkt: „Ich pack dich, du!!"

Schon greift sie ihm an das Jackett:
„Komm, Kleiner, Schluss jetzt, sei so nett.
Der Abend, er war wirklich schön …
Für dich zumindest, lass' uns geh'n."

Im Zick-Zack-Kurs geh'n sie nach Haus,
Sie zieht im Schuh und Strümpfe aus,
Sagt liebevoll ihm „Gute Nacht,
Hab' alles gern für dich gemacht …"

Und als im Hause laut ertönt
Sein Schnarchen, dass es nur so dröhnt,
Versorgt sie brav, so wie er's mag,
Schon alles für den nächsten Tag.

So sind sie eben, uns're Frau'n:
Besorgt sie auf uns Männer schau'n.
Schier alles machen sie uns recht.
Sie sind nur gut und niemals schlecht!

Für sie woll'n wir das Glas erheben:
Die lieben Frauen, sie soll'n leben!
Denn sie sind es, die uns regier'n,
Uns lenken und stets sicher führ'n!

Hutprobleme

Wie wichtig kann ein Hut doch sein!
Dabei fällt Wilhelm Tell mir ein:
Der arme Mann geriet in Not,
Man drohte ihm gar mit dem Tod,
Weil er, ein Zeichen von viel Mut,
Missachtete des Kaisers Hut.

Nun, auch zu uns'rer Uniform
Gehört ein Hut, das ist die Norm.
Der aber hat nicht das Gewicht
Wie der in Schillers Tell-Gedicht;
Und trotzdem macht auch er Probleme,
Die ich nun auf die Hörner nehme:

Der Hut ist's, der den Kopf verziert,
Wenn man die Straße längs marschiert.
Und auf ihm steckt, das weiß ein jeder,
Stolz schwingend eine lange Feder.
Fehlt dieser Hut aus einem Grunde,
So kann das heißen: „Eine Runde"!

So gilt des Schützen ganzes Streben
Den Hut stets bestens aufzuheben.
Besonders gut ihm dieses glückt,
Wenn er damit sein Haupt bestückt.
Doch ist der Kopf des Hutes bar,
Dann, liebe Leute, droht Gefahr!

Bar ist er beispielsweise dann
Wenn's Schützenfrühstück rückt heran.
Da hängen Hüte jede Menge
Notdürftig an dem Zeltgestänge
Und jeder sich in Hoffnung taucht,
Dass er dort bleibt, bis man ihn braucht.

Auch irgendwo hinter dem Tresen
Ist immer schon ein Platz gewesen
Um seinen Hut zu deponieren
Und ihn so niemals zu verlieren.
Das fordert aber allemal
Kontakt zum Ausschank-Personal!

Ein leerer Stuhl, am Tisch ein Haken,
Dienen manchmal auch zum Tragen.
Ja selbst Frau Nachbarin voll Güte
Beschützt im Haus diverse Hüte!
Der Sicherheitsapostel bloß
Lässt seinen Hut gleich auf dem Schoß.

So bringt ein jeder, wie er kann,
Das gute Stück an seinen Mann,
Stets eingedenk der Predigtworte
Der Mutti morgens an der Pforte:
„Denk an den Hut, du weißt, ein neuer
Der ist inzwischen furchtbar teuer!"

Die Zeit verstreicht, man trinkt, erzählt,
Von Hutproblemen ungequält,
Als plötzlich man den Hauptmann hört,
Der jede Ruhe so zerstört:
„Zum Abmarsch, Schützen, aufgestellt,
In Reih' und Glied hier auf dem Zelt!"

Jetzt wird sie wieder ganz akut
Die Sache mit dem Schützenhut:
Ameisengleich, so kreuz und quer,
Läuft es im Zelt nun hin und her,
Und jeder ist darauf erpicht,
Dass seinen Hut er wiederkricht

Da hört man aber schon: „Mon coeur!
Was ist denn das für ein Malheur!
Das einstmals schmucke Hutgefieder
Erkenne ich ja gar nicht wieder!
Ein Schuft ist es, der solches tat
Und blind auf meine Feder trat!"

Ein anderer schaut ratlos drein:
„Das kann mein Hut", sagt er, „nicht sein!
Ich wirk darin ja wie verloren,
Der reicht mir über beide Ohren!"
Und während er noch wütend funkelt,
Ist plötzlich ihm die Sicht verdunkelt.

Ein dritter stellt gerade fest,
Als er den Hut sich geben lässt
Der unterm Tresen sich befand:
„Das ist ja nass in meiner Hand!"
Er nimmt das Stück in sein Visier
Und konstatiert: „Natürlich Bier!"

Das Schlimmste ist, wie schon gesagt,
Wenn man nach seinem Hute jagt
Erfolglos bleibt und jeder sieht,
Dass ohne Hut da wer im Glied.

Da wird des Hauptmanns Miene kraus,
Und für den Schützen ist es aus!
„Nun seht den Schützen B euch an:
Ganz ohne Hut ist dieser Mann!"

So schallt's vom Hauptmann in sein Ohr;
„Auf, Schütze B, tritt mal hervor!"
Und pudelgleich steht der begossen
Vorm Hauptmann und wird „angeschossen".

Das Strafmaß wollen wir uns denken;
Ich wollte lediglich drauf lenken
Dass selbst ein Schützenhut, obwohl,
Er eigentlich nur innen hohl,
Zum schweren Kasus werden kann
In manchen Fällen, dann und wann.

Wenn wir dabei zugleich erkennen
Und es bei seinem Namen nennen,
Dass, denken wir ans wahre Leben,
Ganz and're Dinge Ausschlag geben,
Dann zeugt das Ganze von Humor;
Wer anders denkt, der ist ein Thor!

In diesem Sinne wünsch' ich allen:
Mög' euch das Schützenfest gefallen
Auch wenn mal einer ohne Hut:
Solch' Lücken tun uns immer gut!
Das Glas erheb' ich drum zum Schluss
Und ruf Euch allen zu: „Gut Schuss!"

Kondition

Normalerweise gilt im Sport
Kon-di-tion als Zauberwort.
Mit ihr trägt man Erfolg davon
Im Fußball, Boxen, Marathon.

An Kondition jedoch das beste
Verlangen uns're Schützenfeste!
Kein Sportler uns das Wasser reicht
Wenn diesbezüglich er vergleicht!

So wie im Sport kommt es drauf an,
Dass man die Kraft verteilen kann.
Aufs richt'ge Timing muss man seh'n,
Will man das Schützenfest besteh'n.

Wie das dem Einzelnen gelingt,
Wie er sich über Runden bringt,
Woll'n wir im Folgenden betrachten –
Drei Typen müssen wir beachten:

Der Dauerbrenner ist *Typ A*:
Rund um die Uhr ist dieser da.
Er ist der Schützen-Dauerläufer,
Und dennoch zählt er nicht als Säufer.

Für ihn ist oberstes Gebot:
Nur Stetigkeit bewahrt das Lot.
Mal steht er hier, mal ist er dort,
Auf jeden Fall konstant vor Ort.

Drei Tage lang ist sein Zuhaus
Das Schützenfest mit Saus und Braus.
Ja, selbst die Nacht macht er zum Tag,
Im Bett Minuten er nur lag.

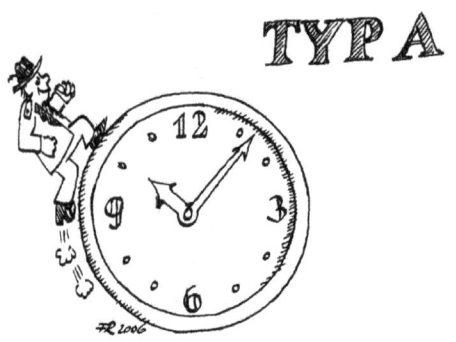

TYP A

„Schlaf" ist Typ A fest überzeugt,
„Den Schützen in die Kniee beugt" –
Erst wenn man kehrt das Zelt mit Besen,
Sagt dieser: „So, das war's gewesen!"

Typ B, das muss man ehrlich sagen,
Ist auch zu seh'n an allen Tagen.
Der Unterschied nur zu Typ A:
Er ist nicht stets und ständig da!

Maxime ist auf jeden Fall
Für ihn beim Fest der Intervall:
Mal auf dem Zelt und nur vor Ort,
Und dann für läng're Zeit hinfort.

In dieser Zeit kann man ihn finden
Verschlungen tief in Traumesgründen
Daheim auf seinem Sofa liegen
Fernab vom Schützenfest-Vergnügen.

Er ist rein kon-di-tio-nell
Regeneriert so meist sehr schnell;
Jedoch es dauert auch recht lang
Bis er dann wieder voll im Gang.

Kehrt er zurück in das Getümmel,
Erkennst du diesen Lauselümmel
Am besten immer schon daran
Dass er so kräftig gähnen kann.

Und erst nach fünf, sechs, sieben Bier
Ist der Typ B voll wieder hier.
Er strotzt dann schier vor Kondition –
Des Intervalls gerechter Lohn!

Doch kommen wir nun zum **Typ C** :
Ein halber Mensch nur, wie ich's seh:
Halb nämlich ist er nur beim Feste,
Verpasst dabei das Allerlerbeste!

Obwohl: Am Festbeginn
Da langt Typ C gewaltig hin!
An Kondition und Willenskraft
So scheint es, er fast jeden schafft.

Ob Schluck, ob Bier, ob Doppelkorn:
Typ C hat stets die Nase vorn.
Das schöne deutsche Wort „Verzicht"
Gibt es für diesen – leider – nicht!

So füllt er auf bis an den Rand …
Das Ende dürfte wohl bekannt:
Schwankend, schwach und ausgezehrt
Nächtens er nach Hause kehrt.

Und lallend ruft er nur: „O mater,
Sei hilfreich mir und meinem Kater!!"
Sie reicht ihm brav Kamillentee …
Das Fest ist aus für den Typ C!

K.o. hängt er in seinen Seilen
Als andere zum Festplatz eilen
Um auch den nächsten Tag der Schützen
Zu feiern und voll auszunützen.

Die Typen, die ich hier genannt,
Sind dir wahrscheinlich auch bekannt.
Und wenn als Typ ich dich nicht fing,
Dann bist du halt ein Zwischending!

Ob A, B, C oder dazwischen,
Entscheidend ist, stets mitzumischen
Damit das Schützenfest gelingt
Und Gast wie Schützen Freude bringt.

In diesem Sinne: Hoch die Tassen!
Es leben alle Schützenklassen!
Gemeinschaft, Eintracht, Tradition
Gehören auf den Schützenthron!

„Nur Mut!"
Königliche Gedanken während
der Proklamation

Erwartungsvoll im Schützenzelt
Steh'n Schützen, Kinder, Gäste, Frau'n
Um hier, am Mittelpunkt der Welt,
Der Proklamierung zuzuschau'n.

Man spürt, der Höhepunkt ist da
Und irgendwo dazwischen steht,
Gleich grüßt man sie mit viel Hurra,
Die neue Schützenmajestät.

Die Musik schweigt, es ruht der Tanz,
Man hört im Zelt kaum einen Ton;
Ist's Wilhelm, Friedrich oder Hans?? …
Gespannt lauscht man aufs Mikrofon.

„In diesem Jahr, ihr lieben Leute,
Wer hätte jemals das gedacht,
Ist's jemand, der sich sehr drauf freute:
Der Friederich hat es vollbracht!"

Der Fritz trinkt grad ein Bier am Tresen,
Als seinen Namen er vernimmt.
I c h bin der beste Schütz' gewesen?
Noch glaubt er nicht, dass alles stimmt.

Und während er noch simuliert,
Sein Glück noch nicht begreifen kann,
Versonnen in das Bierglas stiert,
Erklingt ein „H o c h" dem braven Mann.

„Die Majestät, sie möge leben!"
Ertönt es nun aus vielen Kehlen,
„Mög' Bier und Schluck uns allen geben"!
Der Fritze denkt: „Soll ich es stehlen?"

Es tobt um ihn, doch für Sekunden
Ist in Gedanken er verstrickt,
Ist alles rings um ihn verschwunden
Und wie im Traum es in ihm tickt:

„Wie soll ich das nur finanzieren?
Gibt die Bank mir wohl Kredit?
Soll's bei der Sparda ich probieren?
Teile ich's der Dresdner mit?

Und, o je, die vielen Leute!
Morgen kommen sie zu mir;
Schaff ich es denn wohl noch heute
Zu bestellen Schluck und Bier?"

In Gedanken ganz zu Hause
Mit total verwirrtem Sinn,
Um ihn lautes Festgebrause,
Setzt er sich erst einmal hin …

„Wer kann helfen beim Servieren?
Was, wenn's Wetter nass und kalt?
Wird mein Volk dann draußen frieren?
Grau wird man dabei und alt!

Ach, und meine Frau daheim,
Ich mag gar nicht daran denken:
Wird sie mir den Schuss verzeih'n?
Muss ein Kleid ich ihr noch schenken?

Fast hätt' ich dabei vergessen
Für die Kleinsten, und was nu ...,
Die Mohrenköpfe noch zum Essen!
Geschäfte haben doch schon zu!

Und der Garten, Hof und Haus,
Alles liegt da kreuz und quer!
Königlich sieht's da nicht aus;
Wo krieg' ich die Hilfen her?"

Fragen stürzen auf ihn ein,
Zu Stunden wird ihm der Moment ...
Da bricht die Wirklichkeit herein,
So wie's ein jeder König kennt:

Zur Theke hebt man ihn empor,
Man reißt ihn schroff aus seinen Träumen
Und laut ertönt es an sein Ohr:
"Lasst königliches Bier nun schäumen!!"

So läuft es nun, wie Jahr für Jahr.
Die Majestät sehr bald empfindet,
Dass er ein guter König war
Und alle Sorgen unbegründet.

Weil dem so ist, wer zweifelt dran,
Möcht' ich als Ungebrannter sagen:
Wer's noch nicht war, nur immer ran,
Den gold'nen Schuss kann jeder wagen!

Und sollt' es wirklich mal malheur'n,
Gerät noch lang' er nicht in Not!
Bei uns, ein jeder kann es hör'n,
Sind Heinzelmännchen noch nicht tot!!

Nachwehen

Wilhelm Busch, der Welt bekannt,
Hebt oft drohend seine Hand
Um denen, an die er sich wendet,
Zu zeigen, dass viel böse endet!

So gibt den Menschen er den Rat
Bei Max und Moritz vor der Tat:
„Aber wehe, wehe, wehe,
Wenn ich an das Ende sehe!"

Im Grunde sollte auch uns Schützen
Der kluge Hinweis etwas nützen.
Wir aber tun, als sei er Wind
Wenn wir beim Schützen-Feiern sind.

Zwei Tage hau'n wir auf den Putz,
Missachten unser'n Eigenschutz
Und denken montags beim Erwachen:
„Soll ich nun weinen oder lachen?"

Es dreht beim Aufsteh'n sich im Kopf,
Die Haare steh'n zu Berg' am Schopf,
Wir stellen fest mit großem Schrecken:
„Die Kinder müssen wir ja wecken …!"

Der Blick jedoch auf uns're Uhr
Macht deutlich, dass der Bus schon fuhr
Und dass der Schulbeginn versäumt …
… Im Kinderzimmer man noch träumt …

Schnell schlüpft mit dem Pyjama an
In einen Anzug man sodann,
Weckt auf die Schnelle seine Rangen,
Die schon die Lehrerschelte bangen!

Mit einer Fahne ohnegleichen
Tut man die Schule noch erreichen
Und denkt bei sich, als das vorbei:
„Hauptsache nicht die Polizei!"

Unkontrolliert, welch großes Glück,
Kehrt man nach Hause dann zurück,
Wo wir erkennen erst den Rest
Des Schadens von dem Schützenfest:

Zerzaust, mit Flecken fern der Norm,
Erscheint uns uns're Uniform,
In der zu Festbeginn im Spiegel
Wir fühlten uns als wie ein Schniegel.

Ein Knopf verloren, and're lose,
Verstaubt die schwarze Schützenhose,
Und Orden waren's auch mal mehr;
Die Jacke sie wirkt öd und leer.

Der Schützenhut, das ist noch schlimmer,
Ist ganz verschwunden, wie fast immer,
Die schwarzen Schuhe und die Strümpfe
Verdreckt, als gingen sie durch Sümpfe!

Und erst der Griff zum Portemonnaie:
Was vorher drin, ist nun passé,
Was dick gewesen, ist nun schmal –
Man fühlt sich wie im Jammertal!

Sagt sich jedoch: das Lamentieren
Kann nicht aus der Misere führen!
Da muss man durch, mit viel Geduld;
Denn selbst trifft einen ja die Schuld.

Und, wer uns Schützen kennt, der weiß,
Wir zahlen gerne diesen Preis!
Zumal in jenem Vollgefühle:
Uns steckt man nicht in eine Mühle!

Was Max und Moritz ist malheurt,
Uns Schützen bei dem Fest nicht stört!
Bei ihnen war's der letzte Streich –
Nach Jahresfrist folgt uns'rer gleich!

So soll es weitergeh'n mit Schwung:
Wer feiern kann, der bleibt auch jung!
Noch lange wollen wir bestehen
Trotz Leiden und trotz Schützenwehen!

In diesem Sinne wünsch ich allen
Am Schützenfest viel Wohlgefallen!
Lebt jetzt, lebt heute und nicht morgen!
Sie kommen so und so die Sorgen!!!!

Orden und Ehrenzeichen

Der Mensch, ein Wunder der Natur,
Ist dem Erfolg stets auf der Spur.
Und hat er ihn, dann tut er neigen,
Es öffentlich auch anzuzeigen.

Medaillen und feudale Orden
Sind zu dem Zweck erfunden worden.
Als Ehrenzeichen, selbstbewusst,
Trägt man sie stolz auf seiner Brust.

Ob Wissenschaft, ob Kunst, ob Sport,
Der Orden gilt als Zauberwort,
Er ist des Strebens höchstes Ziel,
Am besten, man hat möglichst viel!

Pour le Mérite, pour le Mérite!
Was and'res gilt nicht und ist Schiet,
Und auch für uns, die braven Schützen,
Kann nur ein Orden richtig nützen.

Und davon haben wir die Fülle
Zur Zierde uns'rer Außenhülle.
Schaut in der Runde euch doch um!
Vor Orden geht schon mancher krumm!

Bei and'ren glänzt's und klappert's kaum,
Für diese sind Medaillen Traum;
Ihr Chemisette ist noch so kahl
Wie eine Rechnung ohne Zahl!

Die Ordensvielfalt ist famos:
Klein sind die einen, and're groß,
Aus Leder sind sie und Metall,
Begehrt, umworben überall.

Vor Ausgabe der Ehrenzeichen
Muss man beim Schießen was erreichen.
Und nur, wenn man recht viele Ring'
Bekommt man so ein Glitzerding.

Die höchste Ehre, höchster Lohn,
Das ist der Orden mit der Kron'.
Und doch ist vielen an dem Bug
Bronze und Silber schon genug.

Warum sie gegen Gold sich wehren,
Soll jeder sich hier selbst erklären;
Ich sage nur, dass jede Würde
Zugleich bedeutet sehr viel Bürde!

Beim Schießen tuen sich entpuppen
Zwei wesentliche Schützengruppen:
Da sind die einen, die gut schießen,
Die anderen, die's besser ließen.

Betrachten wir als erste die,
Die selten treffen oder nie:
Für sie ist eine Uniform
„Mit ohne" Orden wohl die Norm.

Medaillen sind für diese rar,
Zufallsprodukte und kaum wahr!
Sie tragen stolz schon am Revère
Die Mitgliedsnadel, und nicht mehr.

An jenen Orden, die sie haben,
Da können täglich sie sich laben
Indem sie diese fein polieren,
Sie wenden, drehen und studieren.

Die Jacke, mit den Orden dran,
Im Kleiderschrank sich rühmen kann
Ganz vorn zu hängen, stets bereit
Für des Besitzers Eitelkeit.

Und wenn mal einer – was passiert –
Sein' Ordensschmuck, o weh, verliert,
So weint er fast um den Verlust,
Ist deprimiert und voller Frust.

Ganz anders ist es bei den vielen
Die immer treffen und gut zielen:
Ihr Uniformrock ist normal,
Weil er so voll, fast eine Qual!

An ihrer Brust auf jeder Seit'
Da hängen sie fein aufgereiht
Die Orden – so, wie fast ein ganzer
Früh-mittel-alter-licher Panzer.

Wenn sie der Jacke sich entkleiden,
Muss stets an beiden Ärmelseiten
Ein Helfer noch zur Stelle sein,
Um ihn der Lasten zu befrei'n.

Verluste tun s i e nicht bereuen;
Sie schießen einfach einen neuen
Und hängen diesen Orden dann
Just in der Lücke wieder dran.

Und da der grade Gang auch leidet,
Sei hier der Vorschlag unterbreitet
Nebst Brust auch noch den breiten Rücken
Mit Ehrenzeichen zu bestücken.

Doch Spaß beiseite nun, ihr Lieben,
Natürlich hab' ich übertrieben.
Ich bin auch gern dazu bereit
Einzugesteh'n, dass nur aus Neid!

Wir alle wollen glücklich sein
Und uns von Herzen drüber freu'n
Dass Jahr für Jahr so viele Schützen
Medaillenchancen eifrig nützen.

Nicht auszudenken jene Zeit,
Wenn keiner wäre mehr bereit
Mit Kimm und Korn ins Ziel zu schießen
Um ehrenvoll dann zu genießen.

Es gäbe keinen König mehr
und auch kein' Adjutant,
Ohne Regierung, ohne Ehr'
wär' unser schönes Land!
Und was das Schlimmste wäre hier:
Es gäbe auch kein Königsbier!!

Drum lasst uns weiter Orden haschen,
Vom Königsbier genüsslich naschen,
Um Ehre fair und ehrlich streiten,
Uns gut versteh'n und Spaß bereiten.

In diesem Sinne wünsch' dem Feste
In diesem Jahre ich das Beste!
Ein Hoch dem König und dem Thron,
Hoch alter Schützentradition!!

Planungen

Jahr für Jahr, so soll's auch bleiben,
Treffen wir zu frohem Treiben
Uns im schönen Schützenzelt,
Fragen nicht nach Zeit und Geld.

Nüchtern halb, halb auch im Tran
Folgen wir dem „Festspielplan"
Der beizeiten, Haus für Haus,
Ging an alle Schützen raus.

Und das ganze Drum und Dran
Bevor das Schützenfest begann
Ist vergessen, ist vorbei,
Gehört zum Schützen-Einerlei.

Doch es ist die Sache wert,
Dass man mal genau erklärt
Wie das Schützenfest so reift
Bevor Eins in das Andre greift:

Als Punkt 1 ist hier zu buchen
Das jeweilige Festwirt-Suchen.
Mit diesem ist sodann zu fechten
Um den Termin fürs Fest, den rechten!

Der Vorstand wird danach befragt,
Ob Wirt und Zeitpunkt wohl behagt;
Auch die Finanzen spricht man an,
Weil ohne Geld nichts laufen kann.

Sind Wirt und Vorstand sich im Klaren,
Gilt es den Plan zu offenbaren
Der Schützen-Hauptversammlung dann,
Die, will sie, alles „kippen" kann.

In fachlich-sachlich ernstem Ton
Gibt man hier Raum der Diskussion
Und redet sich die Köpfe heiß,
Weil jeder was zu sagen weiß.

Nichts, könnt' man meinen, geht nun schief,
Wenn die Entscheidung positiv.
Den „Schwarzen Peter" für das Fest
Hat nun der Festwirt ja im Nest!

Doch weit gefehlt! Das Argument
Gilt nur für den, der wenig kennt
Vom Schützenvorbereitungs-Tun,
Und meint, nun könne man ja ruh'n ...

Aus einer Stichwörterkartei
Wird deutlich, dass noch allerlei
Zu laufen und zu denken ist,
Bevor verstrichen ist die Frist.

Orden und die Königsscheiben
Sind zum Beispiel aufzutreiben.
Fotograf wie Polizei
Bittet man zum Fest herbei.

Die Gema fordert stets ihr Recht,
Denn ohne sie geht's leider schlecht.
Um Schwarz auf Weiß zu informieren,
Ist mit der Presse zu parlieren.

Die Prominenz aus Nah und Fern
Wird angeschrieben – wir tun's gern!
Und dann, um alles in der Welt,
Kommt noch das Wichtigste: das Zelt!

Auch hier wird erst mal terminiert,
Beratschlagt und viel simuliert
Wie letzten Endes man das Ding
Am besten schafft zum Festplatz hin.

Ist das gelöst, geht's Schlag auf Schlag:
Das Zelt rollt an an einem Tag
Und bald wird mit vereinter Kraft
Sein Aufbau mühelos geschafft.

Zum Zwecke der Gemütlichkeit
Sind Heinzelmännchen dann bereit
Das Zelt zu schmücken und zu zieren
Mit grünen Kränzen und mit Schnüren.

Jetzt, glaubt man endlich, kann's beginnen
Das Feiern, Tanzen und das Singen;
Denn alles ist ja präpariert,
Geregelt und fest installiert.

Fast wär' es so, jedoch zum Schluss
Man noch mit einem reden muss
Der stets als Partner schwierig war …
Kommt keiner drauf?? … Ist doch ganz klar!

Ein jeder hängt sich an die Strippe
Und redet sich fast wund die Lippe,
Spricht Petrus an, macht sich „Lieb Kind",
Damit kraft Amtes er den Wind
So blasen lässt mit aller Kraft,
Dass warmes Wetter er beschafft
Indem die Wolken er vertreibt
Und Sonnenschein zurück nur bleibt.

Um dieses letzte Unterfangen
Gilt es sehr oft jedoch zu bangen.
Hier geht mitunter etwas schief,
Auch wenn man noch so tüchtig rief.

Im Draht zum lieben Petrus steckt
Mitunter nämlich ein Defekt!
Beziehungsweise es wird klar,
Dass da doch noch ein Höh'rer war ...

Geht auch beim Wetter mal was schief,
Ich gebe Siegel Euch und Brief
Dass unser aller Schützenfest
Sich davon niemals schrecken lässt!

Solange der Gemeinschaftsgeist
In uns'ren Reihen weiterkreist,
Könn' selbst die Wetterkapriolen
Uns nicht von unser'm Sockel holen!
In diesem Sinne sag' ich allen:
Ein Fest wird immer gut gefallen
Auch wenn nicht alles ganz perfekt,
Wenn Herz in seiner Planung steckt!

Rund ums Schießen

Die Schützen, sehr verehrte Dam'n und Herr'n,
Die schießen selbstverständlich gern.
Doch Schießen, dieses Wort hat Heute
Den Touch des Krieg's für viele Leute.

Ob Uniform, ob das Gewehr,
Verachten tun sie beides sehr.
Und das, was uns die Schützen wert,
Seh'n sie ganz anders – und verkehrt!

Wer wollte wohl im Ernste sagen,
Dass das Gewehr zum Kampf wir tragen?
Für jeden hier in diesem Raum
Ist Frieden allerhöchster Traum!

Für uns sind es die sanften Seiten,
Die uns beim Schießen Spaß bereiten.
Und diese will ich hier betrachten,
Die ernsten aber streng verachten!

Wenn man zum Beispiel Bier genossen,
Ist man danach leicht angeschossen.
Ein Zustand, den man dann und wann
Als angenehm empfinden kann.

Und wenn entsprechend seinem Triebe
Verschossen jemand ist aus Liebe...
Ist diese Art zu schießen schlecht?
Wer sowas sagt, der hat nicht recht!

Die Kinder schießen Purzelbaum ...
Ist das gefährlich? ... Doch wohl kaum!
Wenn Pflanzen aus der Erde schießen,
Das ist doch schön und zum Genießen!

So mancher sieht zum Schießen aus –
Auch hier hört man nichts Schlechtes raus.

Schießt man bei finanzieller Not
Nicht sofort jemand mausetot
Und schießt statt dessen ihm was vor –
Ist das nicht wie Musik im Ohr?

Von Lou van Burg der „Gold'ne Schuss"
War doch für jeden Hochgenuss!
Mit Armbrust schoss man dazumal
Ums Glück und um die beste Zahl.

Und wir ? – wir schießen gar mit Luft,
Sind wir deswegen schlecht, ein Schuft?

Bei Luft denk' ich, wie sag ich's euch ...?
Noch an ein and'res Schießgeräusch:
Kann nicht – pardon, auch herrlich lindern
Manch Schmerz ein Schuss aus unser'm Hin ...??

Schnell fort von diesen Schießgedanken;
Wie leicht gerät man aus den Schranken!

Wie, wo und was auch schießen mag:
Mir lediglich am Herzen lag
Euch allen den Beweis zu führen
Dass wir die Waffen friedlich rühren.

In diesem Sinne, liebes Kind,
Schieß schleunigst ich jetzt in den Wind!
Sonst sagt ihr noch zum guten Schluss:
Hör' auf, du hast ‚nen Sockenschuss!

Dem Schützenfest ein kräftig Toast,
Auf, lasst und feiern: Wohlsein, Prost!!

Wortspielereien

Uns allen ist bewusst und klar:
Im Wörtchen Schütze steckt der Schutz,
Und damit wird auch offenbar,
Wozu zum ersteren wir nutz:

Wir müssen schützen – aber wen?
Und was? Womit denn bloß?
Soll wie in früh'rer Zeit es geh'n?
Da schrieb den Schutz man noch ganz groß.

Mit Armbrust, später auch Gewehr
Verteidigte man Hab' und Gut;
Die Kämpfe wogten hin und her,
In Rage kam man und in Wut!

Ganz anders heute: Fein und zart
Beschützen wir nur uns're Frau'n,
Verwöhnen sie, geh'n ihr um'n Bart;
Wir schenken Trost ihr und Vertrau'n.

Zwar schützen wir auch mal was vor,
Zum Beispiel wenn wir spät daheim.
Denn alles muss nicht an ihr Ohr,
Ein Vorwand muss schon manchmal sein!

Die Worte Schutz und Schütze sind
Als Wegbegleiter uns bekannt
Seit früh'ster Jugend schon, als Kind,
Nahm schützend Mutter uns zur Hand.

Ihr Schützling sind wir stets gewesen;
Als ABC-Schützen sodann
Lernten rechnen wir und Lesen
Und alles was man sonst noch kann.

Den Schutzmann lernten wir dann schätzen
Mit seiner flotten Uniform;
Der Schutzengel mit seinen Netzen
Bewahrte uns vor Wind und Storm.

Mitunter auch da stöhnen wir:
„Bei jedem Pi-Pa-Po
Verlangt man eine Schutzgebühr
Und sagt: Na ja, das ist halt so ..."

„Gott schütze Dich" ruft man sich zu
Und mancher sagt uns ins Gesicht:
„Na siehste, Fehler machst auch du,
Denn Alter schützt vor Torheit nicht!"

Ganz außer Acht wir bisher ließen,
Ich komme drum noch nicht zum Schluss,
Dass mit dem Schützen auch das Schießen
Verbunden ist sowie der Schuss.

Schießen ist – mit dem Gewehr –
Uns allen hier sehr wohl bekannt;
Jedoch bedeutet es oft mehr;
Weh' dem, der Deutsch als Sprach' erfand!

Wir schießen vor, manchmal auch zu
Wenn jemand finanziell bankrott,
Verschossen bist vielleicht auch Du
In jemand, der besonders flott!

Zuschuss man erhalten kann
Per Antrag nur und per Dekret.
Von Überschüssen spricht man dann,
Wenn etwas bis zum Kragen steht.

Die Fantasie schießt oft ins Kraut,
Keinen Schuss Pulver ist der wert
Der ander'n eine runterhaut
Und mit Halunken nur verkehrt.

Wer Fehler macht, schießt einen Bock;
Die Strafe folgt oft auf dem Fuß,
Schon droht da jemand mit dem Stock ...
Gut ist, wenn man dann weit vom Schuss.

Auf Spatzen schießt man mit Kanonen,
Die Preußen schießen nicht so schnell,
Ich schließe jetzt und will euch schonen,
Sonst red' ich noch, wenn's draußen hell.

Im Duden und im Lexikon
Wenn es euch nicht wird zum Verdruss,
Könnt' Weiteres ihr noch erfahr'n
Vom Schießen, Schützen und vom Schuss.

Ich schieß' sofort jetzt in den Wind;
Zuvor jedoch noch einen Toast:
Schützen wie Schützendamen sind
Ganz große Klasse, darum Prost!!

Schützenwissenschaft

Fragt man den Laien auf der Straße
Nach der Bedeutung eines Schützen,
So rümpft meist lächelnd er die Nase
Sagt: „Ach, was sollte der schon nützen?

Er feiert Schützenfest, trinkt Bier,
Tanzt ab und zu und macht Radau,
Verkriecht sich dann, gleich einem Tier
Den Rest vom Jahr in seinem Bau."

Wer also denkt und wer so spricht,
Der kennt uns nicht und unser'n Geist;
Der weiß am Ende gar auch nicht,
Dass Wissenschaftler man uns heißt.

Und dieses sind wir in der Tat,
Den Mathematikern verwandt,
Wie Adam Riese von Format,
Insidern ist das längst bekannt.

Was wir mit Akribie betreiben,
Mit Wissen und mit Sachverstand,
Das ist der Umgang mit den Scheiben:
Geist ist gefordert und die Hand!

Ins Schwarze treffen ganz allein
Genügt uns nicht, das reicht nicht aus;
Der beste Teiler muss es sein,
Nur damit kommt man groß hinaus!

Teiler heißt das Zauberwort,
Divisor der Gelehrte sagt.
Der Teiler ist es immerfort,
Nach dem ein jeder Schütze jagt!

König werden bei den Schützen
Erfordert gute Division,
Denn nur die beste Zehn kann nützen,
Verhilft dem Schützen auf den Thron.

Der Laie sagt dann: „So ein Glück",
Er übersieht jedoch dabei,
Dass der Erfolg ein Meisterstück
Gewesen ist an Rechnerei!

Beim Preise-schießen Jahr für Jahr
Ist ebenfalls der Teiler Trumpf.
Und eifrig sieht die Schützenschar
Man kämpfen um des Schweines Rumpf.

Nur wenn der Teiler möglichst klein –
Manch wack'rer Schütze schafft das nie –
Winkt auch ein schönes Stück vom Schwein,
Der Schlechteste kriegt nur das Knie.

Dem Besten tut als Lohn dann winken
– Der Wissenschaft verdienter Preis –
Vom Borstenvieh der dicke Schinken,
Weil er es zu berechnen weiß.

Doch wer im Teilen nicht vertraut,
Dem fehlt das Wissen, fehlt der Grund;
Statt Fleisch er nur auf Knochen kaut,
Und Schinken kriegt der nie in'n Mund!

So ist es eben in der Welt:
Erfolg hat nur der Spezialist;
Auch wenn es oft mit sehr viel Geld
Und Mühsal eng verbunden ist.

Mit Glück allein ist nichts getan,
Das gilt auch für ein Schützenleben;
Erfolg nur der verbuchen kann,
Der Einsatz, Kraft und Geist will geben.

Wer sich bemüht um kleine Teiler,
Wer zielt, berechnet, kombiniert,
Vielleicht dereinst mit einem Keiler
Als Preis fürs Schießen abmarschiert.

Das wünsch ich jedem und ich ende
So wie bei Schützen man es muss:
Für alle drück' ich meine Hände
Mit einem kräftigen: „Gut Schuss"!

Sportschießen

Schießsport, meine Dam'n und Herrn
Betreiben viele Menschen gern.
Als Wissenschaft, mit Akribie,
Tut Er es und sehr oft auch Sie.

Treffsicherheit man niemals schafft
Allein mit seines Körpers Kraft.
Vor jedem Wettkampf steht die Qual
Des harten Trainings allemal:

Man übt mental und autogen,
Trainiert das Atmen und das Steh'n,
Holt sich beim Waldlauf Kondition
Und träumt dabei vom Schützenthron.

Psychologie selbst zieht zu Rat
Der Schütze, wenn er Nöte hat.
Ja, auch die Schieß-Philosophie
Befasst sich mit der Theorie.

Beim Schießen selbst kommt es drauf an
Ob man sich konzentrieren kann;
Ob man den Abzug richtig führt,
Sitzt oder steht, wie sich's gebührt.

Ob links sie oder rechts mehr taugen
Des Schützen scharfe Argos-Augen,
Und ob der Atem stille steht
Just wenn der Schuss nach vorn losgeht.

Die Schießhandschuhe müssen sitzen,
Im Schießjackett darf man nicht schwitzen,
Schuh' und Hosen müssen passen,
Sonst kann das Schießen man auch lassen!

Und wenn dann endlich alles stimmt,
Der Schütze Maß fürs Schwarze nimmt.
Durchlöchert es im Zentrum gar,
Und spricht zu sich: „Ganz wunderbar!"

Mit einem kleinen Schuss Humor
Trug ich diese Verse vor.
Wenngleich ein jeder hier im Zelt
Sportschützen hoch in Ehren hält.

Das, was sie tun in dem Verein,
Verdient viel Lob von Groß und Klein!
Drum ruf ich allen zu zum Schluss:
Bleibt, wie ihr seid und stets „Gut Schuss!"

Tanzgewohnheiten

Das Schützenfest, wer will's bestreiten,
Ist wie ein Buch mit tausend Seiten
So umfangreich und interessant,
Und tagelang sind wir gebannt!

Wir steh'n im Bann der Majestät,
Wenn es per Umzug zu ihr geht,
Und in dem Bann vom Alkohol
Fühl'n wir uns alle pudelwohl.

Gebannt man auf Gewinner stiert,
Wenn sie der Vorstand proklamiert,
Und manchen zieht in seinen Bann
Das Frühstück hier, mit Drum und Dran.

Was m i c h zum Wundern hat verbannt,
Ich geb's in Versen euch bekannt,
Sind jene vielen Varianzen
Der Menschen, die im Festzelt tanzen:

Da sind die einen, sapperlot,
Die kriegt per Tanz man gar nicht tot!
Für sie ist Tanzen: „Trimm-Dich fit",
Fast jeden Tanz nehm' jene mit!

Sie gönnen der Musik kaum Pause,
Vom Schweiße nass geh'n sie nach Hause
Um nach ergiebigem Sich-Duschen,
Schier abgekämpft ins Bett zu huschen.

Von gegensätzlicher Natur
Sind jene, die das Tanzen nur
Als Feier-Attribut betrachten,
Das lästig ist und zu verachten.

Für sie wird meist die Damenwahl
Zur absoluten Schützenqual,
Weil diesen Tanz man nicht versagt
Auch wenn der Widerwille plagt.

Doch zwischen diesen zwei Extremen
Gibt es noch viele and're Themen
Die sich ums Tanzen alle dreh'n;
Von welcher Art ...? Ihr werdet seh'n!

Zum Beispiel tanzen eng umschlungen
Manch Alte – aber mehr die Jungen!
Die Músik ist für sie kaum da,
Hauptsache nur, man ist sich nah

Und diese Nähe, hört gut zu,
Ihr wisst es selbst, ist doch der Clou!
Denn wohlig drückt d i e Stell' er platt,
Wo sie das weiche Etwas hat.

So wiegen beide hin und her,
Tangier'n einander immer mehr
Und merken bei der Schwelgerei
Nicht einmal, als der Tanz vorbei.

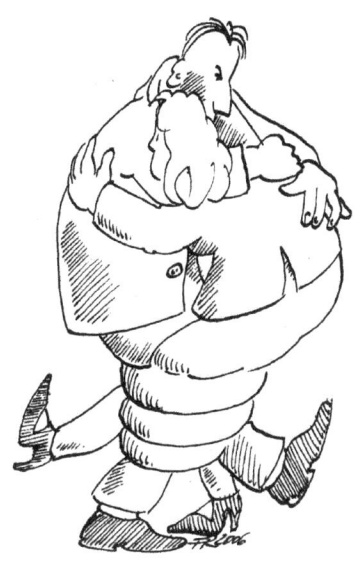

Auf dem Parkett steh'n sie verlor'n,
Verliebt bis über beide Ohr'n,
Und erst als jemand laut ruft: „Bier!"
Erwacht e r schroff mit einem „Hier!"

Bei diesem Tanzpaar ist die Liebe
Fürs Tanzbeinschwingen das Getriebe,
Und ihnen ist sie völlig schnuppe
Die Tanzmusik-Gestaltungs-Truppe!

Bedeutungsvoll ist sie dagegen
Für jene, die den Schwerpunkt legen
Auf ihren Sound und ihren Klang,
Auf Instrumente und Gesang.

„Wat mööd dä immer Englisch plaarn,
So geiht dat nu seit välen Jahr'n,
Bi düsse Englisch-Jammerei
Ist' Danzen ude un vorbei!"

So hört man manche sich beklagen
Zur Músik in den Schützentagen.
Für sie ist stets das beste Stück
Die gute alte Blasmusik.

Zum Beispiel solche à la Mosch:
Da springen sie fast wie ein Frosch
Und singen laut mit viel Juchhe,
Sind munter wie das jüngste Reh!

Die so beschrieb'ne Tänzergruppe
Steht vis-a-vis der Jungen-Truppe
Die nichts mehr hält auf ihrem Stuhl
Wenn's Englisch zugeht, möglichst cool.

Recht laut dazu und rhythmisch schrill
Die Tanzmusik man haben will;
Sie sind's nun einmal so gewöhnt,
Dass es in ihren Ohren dröhnt!

Ob Jife, Lambada oder Rock,
Auf alles haben diese „Bock"
Was fremd ist und nicht German-made,
Denn das ist ihnen viel zu fade.

So gibt es bei den Tanzgeschmäckern
Stets reichlich Leute, die nur meckern;
Und es versteht sich und ist klar,
So wird es auch in diesem Jahr:

Zu unmodern, zu laut, zu schnell,
Zu leise, manchmal auch zu grell,
Zu lange Pause, nein zu kurz,
Für viele aber völlig schnurz.

So übt man gern an der Musik
Die jeweils andere Kritik,
Und lässt dabei ganz außer acht,
Dass Tanz allein nicht alles macht!

Sich gut versteh'n, zusammen reden,
Nicht nur mit einem, nein mit jedem,
Sich freu'n, vergnügt sein und viel lachen
Erst wahre Schützenfeste machen!

In diesem Sinne wünsch' dem Feste
Zum Schluss ich nur das Allerbeste
Und schließe mit dem schönen Toast:
Ein Hoch den Schützen! Darauf Prost!!

Essen hält Leib und Seele zusammen

Beim Schützenball wie ander'm Feste
Ist's Essen oft das Allerbeste;
Drum sucht man zu dem Festmahlsschmaus
Die Speisen mit viel Sorgfalt aus.

Um dieses Wohlstands-Ess-Problem
Soll'n nun sich meine Worte dreh'n.
Anhand von vielen Angeboten
Beginnt man gründlich auszuloten:

Obligatorisch für die Truppe
Ist Niedersächs'sche Hochzeitssuppe;
Da gibt es keine Diskussion,
Das ist so Usus, Tradition!

Ebenso, wie jeder weiß,
Am Schluss der Pudding und das Eis.
Auch darüber wird nicht beschlossen,
Das ist so und so wird's genossen.

Schnell hat man auch nach Durchprobier'n
Nach Kosten, Schmecken und Studier'n
Sich für's Getränk zum Mahl entschieden:
Mit Kabinett-Wein schließt man Frieden.

Viel schwerer und so einfach nicht
Ist's aber mit dem Hauptgericht:
Per Kampfabstimmung manchesmal
Trifft man hier seine Essenswahl.

Zunächst hört man nur jene schwärmen
Die sich für Schweinefleisch erwärmen.
Denn dieses sei die Garantie
Für Kondition und Energie!

Der Alkohol der nächsten Stunden
Wird durch das Schweinefett gebunden –
Auch dieses ist ein Argument
Das man von Schweinefreunden kennt.

Burgunderschinken beispielsweise
Wär' eine gute Schweinespeise;
Ebenso sei anzuraten
Ein Festmenu mit Schweinebraten.

Weiterhin sei man erbaut
Von Kasseler mit Sauerkraut;
Dieses Fleisch mit seinem Saft
Gäb' zum Tanzen rechte Kraft!

„Zartes Schnitzel" sei's, was fehle
Ruft mit hoch erhob'ner Kehle
Einer aus dem Hintergrund ...
Speichel tropft ihm aus dem Mund ...

Nachdem die Schweinefleisch-Fraktion
Mit Vehemenz und lautem Ton
Ihr Leibgericht gefordert hat,
Ist man davon schon beinah' satt!

Da aber tönt es: „Nein, mein Kind,
Ich plädiere hier für Rind!
Schweinefleisch ist ungesund,
Verursacht Pickel und macht rund.

Sollte man zum Fest nicht laden
Mit bewährten Rindsrouladen?
Die sind immer delikat
Vor all'm mit frischem Krautsalat!"

Besonders sei auch anzuraten
Kross geschmorter Rinderbraten.
Solches Fleisch sei schier und trocken,
Müsste doch die Gäste locken!

Sauerbraten, mariniert
Habe man noch nie probiert.
Gut bereitet mit viel Zwiebel
Sei auch das vom Rind nicht übel.

So und ähnlich machen Wind
Jene, die für Rindfleisch sind.
Ihr Plädoyer „contra dem Schwein"
Soll aber nicht das letzte sein:

Da nämlich ist noch jene Gruppe
Die sagen: „Fleischart, völlig schnuppe!
Für uns der Preis nur reguliert
Ob Schwein man oder Rind probiert."

Paar Groschen weniger und mehr
Erleichtert ihnen alles sehr.
Am besten ist für sie die Speise
Zum günstigsten Verzehrungs-Preise.

Ein Glück, dass neben diesen dreien
Schützen-Ball-Menue-Parteien
Nicht jene noch das Wort ergreifen
Die sich auf Huhn und Gans versteifen!

Oder jene, die partout
Laut krakeln nach Kalbsragout;
Oder gar das Wort erheben
Die, die vegetarisch leben.

Wäre das ein Wortpalaver
Um des Essens „Wenn" und „Aber".
Im Bundestag die Streitdebatten
Stellten leicht wir in den Schatten!

Im Gegensatz zur Politik
Und dem dort oft verstellten Blick,
Sind wir zum Schluss, das weiß der Kenner,
Fast immer auf dem rechten Nenner:

Denn wenn das Fleisch just in dem Magen,
Dann werden selbst die Gegner sagen:
„Wie weise war doch der Beschluss –
Das Essen war ein Hochgenuss!"

In diesem Sinne: Lasst uns prassen
Und mit viel Freuden Essen fassen.
Vom ersten bis zum letzten Glied
Ich wünsche: guten Appetit!!

Gastgrüße zum Jubiläum

Schön geschniegelt und gekämmt
Und im frischen Oberhemd,
Schuhe noch mal schnell poliert,
Hose, Jacke auffrisiert,
Steht die große Schützenschar
Und bringt ihre Wünsche dar.
Und man sieht's an dem Ornat:
Ein Ereignis von Format!
Europäisch schon genannt –
Ist es nicht gar weltbekannt??

Uns als Gäste jedenfalls
Wird es richtig eng um' Hals:
Diese Menschen, diese Massen,
Kaum weiß sie das Zelt zu fassen!
Statt Landluft, Wiese nur und Feld
Weht hier für uns ein Duft von Welt!!

Wir woll'ns genießen, inhallieren
Und das „Jubi"-Bier probieren.
Zuvor jedoch, und nun zum Kern:
Glaubt es uns, wir kamen gern.

Wir gratulieren Euch zum Feste
Und wünschen weiterhin das Beste!
Bleibt wie Ihr seid, so stolz und schön,
So nett, so freundlich, fotogen,
So lustig immer und so munter;
Dann geht das Schützencorps nicht unter!!!

Grußworte zum Schützenfrühstück

O tempora, o mores! Die Zeit, wo bleibt sie nur?
Verwischt ist kaum die letzte Spur
Des Schützenfest's im alten Jahr
Schon seid zum nächsten Fest ihr klar!

Es ist bekannt im ganzen Kreis,
Dass man bei Euch zu feiern weiß.
Mit eig'nen Augen konnt' ich's seh'n
Im letzten Jahr – oh, war das schön!

Hier schenkt man noch den höchsten Thron
Der guten alten Tradition!
Die Dorfgemeinschaft alter Sitte,
Spürt jeder hier in Eurer Mitte.

Drum sitz' ich in besond'rer Weise
Sehr gern in diesem Schützenkreise.
Primär will ich bei Euch studieren,
Erst sekundär das Bier probieren.

Wobei ich weiß durchaus darum:
Auch das benötigt Studium!
Doch hier wird man ja doch nie helle;
Drum nannt' ich's erst an zweiter Stelle.

Wie dem auch sei und kurz und gut:
Ich ziehe meinen Schützenhut
Vor Euch und Eurem Schützenfeste,
Das gut ist, besser, nein, das beste!!

Jedoch, es schwenken ihre Mützen
Auch alle and'ren Gäste-Schützen.
Sie grüßen Euch mit lautem Ton:
„Ein Hoch der Schützen-Tradition!!"

Einfallslos

Einmal trifft sich jedes Jahr
Fast die ganze Schützenschar
Und ... das macht man überall,
Feiert seinen Schützenball.

Ich sitz' da und simulier' –
Der Schützenball steht vor der Tür,
Und suche, finde es doch nicht,
Das Thema für mein Tischgedicht.

Ach, denk' ich, mir fällt nichts ein,
Ich lass das Dichten lieber sein!

Das Blatt mit Dicht-Ideen gefüllt
Wird ausgerissen und zerknüllt,
Und kommt als sogenannter „Wisch"
In den Papierkorb unterm Tisch.

Nun ist sie erst einmal passé
Die Sache mit der Dicht-Idee.
Zum Abschalten gewissermaßen
Mäh' ich nun lieber meinen Rasen

Und denke: Mir fällt doch nichts ein,
Ich lass das Dichten lieber sein!

Der Mäher rattert auf und ab,
Ich immer hinterher im Trab ...
Doch, was ich eigentlich nicht will:
Im Kopf das Dichten steht nicht still.

Es drehen sich die Ball-Gedanken,
Kommen zum Stehen, wie vor Schranken,
Werden durch andere ersetzt,
Und doch verworfen ganz zuletzt.

Und wieder fällt mir wenig ein:
Ich lass das Dichten lieber sein!

Als sich der Tag dem Abend neigt,
Erneut in mir der Ehrgeiz steigt:
Noch einmal start' ich den Versuch ...
Jedoch erstickt auch der im Fluch:

Besagten „Wisch", nach dem ich wühlte,
Da ich in ihm doch Hoffnung fühlte,
War von dem Feuer längst verzehrt,
Weil den Papierkorb man entleert.

So fiel mir wieder gar nichts ein:
Ich lass das Dichten lieber sein!

Viel Tage sind seitdem vergangen
In denen die Gedanken rangen
Um die Idee, die endlich zündet,
Die Basis für das Dichtwerk gründet.

Papier und Bleistift legte ich
Auch nächtens immer neben mich.
Ob Tag, ob Nacht, war einerlei:
Ich fand nicht des Columbus Ei.

Denn wieder fiel mir wenig ein:
Ich lass das Dichten lieber sein!

Im Urlaub, der noch vor mir stand,
Ich letzten Hoffnungsschimmer fand:
Die Ruhe dort in Dänemark
Macht meine Dichtkunst wieder stark.

So dachte ich ... doch alles Hof(f)en
War wieder mal ein Schuss in'n Ofen:
Den Urlaub mussten wir beenden,
Ich kam zurück mit leeren Händen!

Mir fiel im Urlaub auch nichts ein:
Ich lass das Dichten lieber sein!

Nun sind wir wieder hier seit Tagen
Und immer noch muss ich beklagen,
Dass eine passende Idee
Ich leider nach wie vor nicht seh'!

Nehmt bitte drum mit dem Vorlieb
Was statt Ideen übrig blieb
Und übt Euch diesmal in Verzicht
Auf ein „normales" Ballgedicht!

Zum Schluss fällt mir doch noch was ein:
Es lebe unser Schießverein!!